LES PRIVILEGES

ACCORDEZ

AUX MAISTRES PATICIERS

ET OUBLAYERS

DE LA VILLE ET BANLIEUE DE PARIS,

Par le Roy CHARLES IX. par ſes Lettres du mois de Juillet 1566. Signées, Par le Roy DE LAUBESPINE.

Regiſtrées en Parlement le 10. Février 1567. par Acte ſigné DU TILLET.

Enregiſtrées auſſi en la Chambre du Procureur du Roy, au ſecond Cahier neuf, par Acte ſigné DE VILLEMONTE'E.

Et auſſi enregiſtrées au Livre de Police le 21. Janvier 1573. par Acte ſigné DU TILLET.

LETTRES PATENTES DU MESME ROY CHARLES IX. du dernier Juin 1567. addreſſantes au Prevoſt de Paris, portant Juſſion & commandement qu'il euſt à verifier leſdites Lettres, Signées, Par le Roy en ſon Conſeil, DE LOMENIE.

Leſdits Privileges confirmez par HENRY III. par ſes Lettres du mois de May 1576. Signées, DE VERTON. Et autres Lettres du même Roy du mois de Juillet 1598. Signées, DECOMPANS.

Regiſtrées en ladite Cour de Parlement le ſeptiéme Septembre 1598. par Arreſt ſigné VOISIN.

Confirmez iceux Privileges par LOUIS XIII. par ſes Lettres du mois d'Octobre 1612. Regiſtrées en Parlement le onziéme May 1613. Signé, DU TILLET & PARNAJON.

Et par LOUIS XIV. à preſent regnant, par ſes Lettres du mois de May 1653. Signées, Par le Roy, SAULGER. Regiſtrées en la Cour le 18. Juin 1653. Signé DU TILLET. *Viſa*, MOLE' & *Contentor*, ROUX.

Deux Sentences données au Chaſtelet le 11. Juillet 1653. portant que leſdites Lettres ſeront regiſtrées audit Chaſtelet. Enſemble la confirmation de leur Chapelle de S. Michel.

A PARIS,

Chez NICOLAS COUTEROT, ruë S. Jacques, aux Cigognes.

M. DC. XCXVII.

LES STATUTS ET PRIVILEGES

Accordez aux Maiſtres Paticiers Oublayers de la Ville, Faux-bourgs & Banlieuë de Paris, par le Roy Charles IX. & confirmez par les ſucceſſeurs Rois Henry III. Louis XIII. & Louis XIV. à preſent regnant.

HARLES PAR LA GRACE DE DIEU, Roy de France ; A tous preſens & à venir, Salut. SçAVOIR FAISONS, Nous avons receu l'humble ſupplication de nos chers & bien amez les Maiſtres Jurez, Gardes & Communauté de l'Art de Paticier Oublayer de noſtre bonne Ville, Faux-bourgs & Banlieuë de Paris ; Contenant que par nos predeceſſeurs Rois, d'heureuſe & loüable-memoire, que Dieu abſolve, pour la Police, conduite & entretenement dudit Meſtier, & obvier aux fraudes & abus qui ſe pouvoient commettre, leur ont eſté dés long-temps concedez & octroyez pluſieurs beaux Privileges, Statuts & Ordonnances politiques, ainſi qu'ils ſont plus au long contenus & declarez par les Lettres de Chartres de noſdits Predeceſſeurs : Toutesfois par la negligence & mauvais ſoin de leurs predeceſſeurs audit Meſtier, ſeroit iceluy au grand détriment & dommage de la choſe publique, quaſi demeuré ſans Reglement & Police. Pour à quoy pourvoir, & aux entrepriſes qui ſe font ordinairement ſur cedit Meſtier par aucuns autres Meſtiers de

A

noftredite Ville & Faux-bourgs, & auffi affoupir tous
differends & procez qui pour raifon de ce fe pourroient
mouvoir entre lefdits Supplians & ledit Meftier, Iceux fup-
plians auroient puis-n'agueres fuivant nos Ordonnances
faites aux Eftats generaux tenus en noftre Ville d'Orleans,
fait voir & arrêter en langage intelligible leurfdites Ordonnances, tant anciennes que modernes, & icelles cor-
riger & augmenter ainfi qu'il eftoit de befoin pour le
bien, utilité & commodité de la chofe publique, police
& entretenement dudit Meftier, dont la teneur enfuit.

I.

PREMIEREMENT, Que nul ne pourra d'oré-
navant tenir ouvroir de Paticier & Oublayer en cettedite Ville de Paris, s'il n'a efté apprentif par le temps &
efpace de cinq ans chez un Maiftre de cettedite Ville, &
s'il n'a fait fon temps d'apprentiffage.

II.

ITEM, Que nul ne pourra tenir ouvroir s'il n'a fait
chef-d'œuvre de Paticerie & d'Oublairie; A fçavoir, quant
à la Paticerie fix plats complets en un jour, à la difcretion
des Jurez; Et pour ledit eftat d'Oublairie, fera pareillement tenu celuy qui voudra eftre paffé Maiftre dudit eftat,
faire en un autre jour pour fon Chef-d'œuvre, cinq cens
de grandes Oublayes, trois cens de fupplications, de deux
cens des tours dudit Meftier bons & fuffifans, & faire fix
Paftez pour ledit ouvrage, & auffi pourveu qu'il foit homme de bien, de bonne vie & honnefte converfation, fans
eftre repris d'aucun vilain cas & reproche, & qu'il ne foit
témoigné eftre tel par les Gardes &Ouvriers duditMeftier.

III.

ITEM, Qu'aucun dudit Meftier ne pourra faire Paftez

grands & petits, de quelque poids qu'ils foient, s'ils ne font faits de bonne chair & de bon poiſſon , non corrompus pour uſer au corps humain, & ce en peine de vingt ſols pariſis d'amende pour la premiere fois, applicable moitié au Roy, & l'autre moitié aux Jurez des Gardes dudit Meſtier.

IV.

ITEM, Que nul ne pourra faire Tartes & Tartelettes, s'ils ne font de bons & loyaux fromages & de bonne crême fine, non corrompuë, pour les inconveniens qui en pourroient avenir, ſur la peine de l'amende applicable comme deſſus.

V.

ITEM, Ne pourroient iceux Paticiers & Oublayers faire Richolles, ſi elles ne font de veau, mouton, ou de tranche de cymier de bœuf, le tout bon, loyal & marchant : & ſi ne les pourront garder que le jour qu'elles feront faites, & s'ils en gardent pour le lendemain, de les faire rechauffer pour les expoſer en vente, feront condamnez en l'amende comme deſſus.

VI.

ITEM, Que les Maiſtres dudit Meſtier ne pourrons faire Paſtez, Richolles, ou quelque autre ouvrage dudit Meſtier, tant de chair que de poiſſon corrompu, & ce en peine d'eſtre iceluy ouvrage ars & bruſlez devant l'hoſtel de celuy qui aura fait ledit ouvrage, & outre le délinquant condamné en telle peine & amende que Juſtice arbitrera.

VII.

ITEM, Que leſdits Paticiers ne pourront expoſer en vente Paſtez rechauffez de quelque forte que ce ſoit, ſur la peine que deſſus.

VIII.

ITEM, Que nuls dudit Meſtier ne pourront porter ou faire porter, ou envoyer par les Tavernes ou Cabarets,

Eftuves ou autres lieux, petits Paftez & autres Marchan-
difes dudit Meftier, fi on ne les vient querir ou demander
au logis des Maiftres, fur la peine que deffus.

IX.

ITEM, Que les Maiftres dudit Meftier ne pourront
tenir que deux apprentifs en un même temps, lefquels
feront obligez Paticiers & Oublayers, & ce pour le temps
& terme de cinq ans finis & accomplis, & non pour moins
de temps, & fi lefdits apprentifs s'abfentent hors la mai-
fon de leurs Maiftres où ils font obligez par l'efpace de
trois mois, en ce cas leur Brevet fera caffé & annullé, comme non fait & non avenu ; Et deffenfes à tous Maiftres
dudit Meftier, tant de cettedite Ville de Paris, que Faux-
bourgs d'icelle, de les prendre & retirer en leurs maifons
pour y befogner de leurdit eftat, ains feront tenus les
renvoyer à leurfdits Maiftres pour parachever avec eux
leurs temps de leur apprentiffage, & ce en peine de quatre
livres parifis d'amende pour la premiere fois, applicable
comme deffus : & ne pourront les Jurez & Maiftres dudit
Meftier, bailler & tranfporter lefdits apprentifs à autres,
fur la peine que deffus.

X.

ITEM, Ne pourront lefdits Maiftres, tant de cettedite
Ville de Paris, que Faux-bourgs d'icelle, envoyer lefdits
apprentifs vendre & debiter par ladite Ville & Faux-
bourgs, petits Paftez, petits Choux, Echaudez, Richolles,
Tartelettes, & autres menuë marchandife dudit Meftier,
attendu les inconveniens, fortunes & maladies qui en
peuvent avenir, & auffi que c'eft la perdition defdits apprentifs, qui ne peuvent apprendre leur Meftier, & au
lieu de ce apprennent toute pauvreté, & ne peuvent à

la fin de leur temps eftre ouvriers de leurdit eftat, qui eft une grande charge de confcience aufdits Maiftres, & ce fur la peine que deffus.

XI.

ITEM, Que chacun apprentif quand il fera obligé, payera au Roy cinq fols parifis, & ce auparavant que leurs Maiftres les mette en befogne, fur la peine que deffus.

XII.

ITEM, Que le Maiftre de l'apprentif fera tenu de le faire fçavoir aux Jurez dudit Meftier auffi auparavant que de le mettre à l'ouvrage, & ce fur la peine que deffus.

XIII.

ITEM, Que les Oublayers crians leurs Oublayes par la Ville & Faux bourgs de Paris, ne pourront joüer à argent aux dez, ains feulement aux Oublayes plattes en portant fon meftier, & de ne joüer par les ruës fur pierre ne eftablie, ains en maifons Bourgeoifes, pour les inconveniens qui en pourroient avenir, fur la peine que deffus.

XIV.

ITEM, Que nul dudit Meftier d'Oublayer ne pourra racheter fon Coffin que de pareil meftier qu'il joüera, & ce fur la peine que deffus.

XV.

ITEM, Que les Maiftres Oublayers qui s'entremettent d'aller faire Gauffres aux Pardons des Eglifes, ne pourront icelles faire qu'ils ne foient diftans de l'un de l'autre de deux toifes & plus, pour éviter aux périls & inconveniens qui en pourroient avenir, & ce fur la peine que deffus.

XVI.

ITEM, Qu'aucun dudit Meftier ne pourra vendre ne

exposer en vente, tant grand Pain à chanter Messe, que petit Pain à communier, en ladite Ville, Faux-bourgs & Banlieuë de Paris, en quelque lieu que ledit Pain à chanter ait esté fait, soit à Paris ou ailleurs, jusques à ce qu'il ait esté & soit veu & visité par les Jurez dudit Mestier, & ce sur ladite peine à appliquer comme dessus.

XVII.

ITEM, Ne pourront lesdits Maistres dudit Mestier sub-straire & susciter les chalans des uns des autres, ne porter ou envoyer presens, soit par messagers ou autres, pour entreprendre & marchander la besogne qui leur appartient, & qui sera offerte par leursdits chalans. Et où il sera trouvé qu'ils, ou aucun d'eux, ayent ce fait, l'amanderont pour la premiere foisde vingt livres parisis d'amende, applicable, à sçavoir moitié au Roy, & l'autre moitié ausdits Jurez, & pour les autres fois à la discretion de Justice.

XVIII.

ITEM, Que les femmes veuves dudit Mestier joüiront de la Maistrise d'iceluy durant le temps qu'elles seront & demeureront en viduité tant seulement ; Et toutesfois ne pourront prendre ne tenir aucuns apprentifs durant ledit temps qu'elles seront en viduité, & ce sur peine de huit deniers parisis d'amende pour la premire fois, applicable comme dessus. Et neanmoins paracheveront avec lesdites vevues les apprentifs qui seront obligez à leursdits maris le temps de leur apprentissage, sans qu'ils en puissent prétendre d'autres, comme dit est.

XIX.

ITEM, Qu'il soit permis aux Maistres Paticiers & Ou-blayers de cettedite Ville & Faux-bourgs de Paris, de me-surer bled à l'heure accoustumée, parce que le plus beau bled n'est pas trop bon pour faire ouvrage de Paticerie, &

aussi

auſſi pain à chanter Meſſe & à communier , où le Corps
de Jeſus-Chriſt eſt celebré.

X X.

Item, Pour la Garde dudit Meſtier, & pour faire
viſitation en iceluy, & rapporter les fautes qui y ſeront
faites & commiſes, y aura quatre Jurez qui ſeront élûs
par la Communauté dudit Meſtier, & ce changeront tous
les ans de deux nouveaux Jurez, & ne pourront eſtre Jurez
que par l'eſpace de deux ans pour une fois ſeulement.

X X I.

Item, Ne pourront d'oreſnavant les Maiſtres Paticiers faire ouvrage de Paticerie aux Feſtes ſolemnelles
commandées de l'Egliſe, comme Paſques, Pentecoſte,
Feſte-Dieu, Noſtre-Dame de my-Aouſt, le jour de S. Michel, la Touſſaint, Noel, & Noſtre-Dame de Chandeleur,
& ce ſur peine de l'amende, applicable comme deſſus eſt
dit.   X X.I I.

Item, A ce que mieux & plus loyaument leſdits Jurez
puiſſent faire leur devoir en la maniere cy-deſſus déclarée,
toutes & quantesfois qu'il en ſera requis & neceſſaire au
Meſtier de faire & élire nouveaux Jurez & Gardes dudit
Meſtier de Paticier & Oublayer, deux des anciens Jurez
demeureront pour l'année à venir, avec les deux autres
nouveaux Jurez, qui à ce ſeront élûs par la maniere &
ainſi que deſſus eſt dit.

X X I II.

Item, Ne pourront aucunes perſonnes, ſoit homme,
femme ou enfans, vendre ne expoſer en vente en cettedite
Ville & Faux-bourgs de Paris, tant en Careſme qu'en autre temps, toutes ſortes Bignets & Poiſſon de friture,
attendu que c'eſt une viande qui n'eſt bonne ne vallable

pour mettre au corps humain , qui eſt contrevenir aux
Ordonnances , ſur peine que deſſus.

XXIV.

ITEM, Qu'il eſt permis auſdits Maiſtres Paticiers &
Oublayers de cettedite Ville & Faux-bourgs de Paris , de
vendre vin à leur logis , tant à aſſeoir , qu'à pots & détail
& à moyen prix, ſuivant les anciennes coutumes , & comme ils ont accoutumé de faire par toutes les Villes de ce
Royaume.   XXV.

ITEM,Ne pourront aucunes perſonnes vendre en leurs
maiſons , par la Ville & Faux-bourgs de Paris , aucunes
Brioches ne Pain-d'épice , qui eſt choſe de tout contre-
venant aux Ordonnances du Roy, meſmes que par la
Sentence & Jugement donné le vingt-ſixiéme jour de
Juillet mil cinq cens ſoixante-un , il a eſté deffendu à toutes perſonnes d'en vendre , comme il appert par ledit Jugement , & ce ſur peine d'amende arbitraire, & de confiſcation de ladite marchandiſe.

XXVI.

ITEM, Que ſuivant les Ordonnances dudit Meſtier de
Paticier & Oublayer, conformes aux Sentences & Jugemens cy-devant donnez en la Chambre Politique, confirmez par Arreſt de la Cour en datte du deuxiéme jour de
Septembre mil cinq cens ſoixante-quatre , deffenſes ſont
faites à tous Cuiſiniers & autres perſonnes,d'entreprendre
aucunes noces, banquets, ny en icelles fournir Paticerie ,
Volailles, Viandes ou Gibier , ne faire contre ny au préjudice des états deſdits Paticiers, Rotiſſeurs & Poulailliers ,
ny regrater en aucune ſorte & maniere que ce ſoit , ſur
peine d'amende arbitraire , & de tous deſpens, dommages
& intereſts.

XXVII.

ITEM, Qu'aucunes perfonnes ne pourront faire ouvrage de Paticerie & d'Oublayrie, tant en cette Ville qu'és
Faux-bourgs de Paris, foit étrangers ou autres, de n'ufer &
mettre en œuvre pafte étoffée d'œufs ou de fucre, ne
icelles expofer en vente, s'ils ne font Maiftres dudit Meftier, & ce en peine de dix livres parifis d'amende pour la
premiere fois, applicable comme deffus.

XXVIII.

ITEM, Qu'aucun dudit meftier ne pourra tenir ouvroir, fi premierement il n'a été expreffement par les
Maiftres & Gardes dudit Meftier de Paticier & Oublayer,
& qu'il n'ait fervy les Maiftres dudit eftat.

XXIX.

ITEM, Que tous Maiftres de don de Lettres qui ont
efté cy-devant receus audit eftat de Paticier & Oublayer,
& fait experimente d'iceluy eftat auparavant que d'y
avoir efté receus, feront appellez & mandez à voir faire
tous Chef-d'œuvre dudit Meftier, comme les autres
Maifttres de Chef-d'œuvre entier, Et joüiront leurs veuves & enfans de pareils & femblables Privileges, que
joüiffent iceux Maiftres de Chef-d'œuvre.

XXX.

ITEM, Que d'orefnavant il ne fera receu aucun audit
eftat de Paticier & Oublayer, foit par Lettres de don du
Roy ou autrement, que premierement il ne faffe Chef-
d'œuvre complet, & ait efté apprentif en cette Ville de
Paris par l'efpace de cinq ans entiers, comme dit eft cy-
deffus; Et ce fuivant les Ordonnances faites par ledit Seigneur aux Eftats generaux tenus à Orleans, & Lettres de
Declaration depuis obtenuës à cette fin par les Commu-

nautez, Artifans & gens de Meftier de ladite Ville.

XXXI.

ITEM, Eft fait deffenfes aufdits Maiftres Paticiers Oublayers de ne prendre aucuns ferviteurs, finon par les mains du Clerc dudit Meftier, & deffenfes à toutes autres perfonnes de s'entremettre d'en bailler aucun, fi ce n'eft par le confentement & mandement dudit Clerc, pource qu'il eft chargé de ce faire, pour éviter aux inconveniens qui en pourroient avenir; & ce fur peine d'amende arbitraire, applicable comme deffus.

XXXII.

ITEM, Qu'il foit permis aufdits Jurez Paticiers & Oublayers, avoir vifitation fur les fromages de Brie, œufs & beurre qui feront vendus en cettedite Ville de Paris & Faux-bourgs d'icelle, & iceux lottir, attendu qu'iceux Paticiers y ont intereft, pour ce que journellement ils mettent en œuvre ladite Marchandife, & trouvent que la plufpart d'iceux font corrompus, & ne font loyaux & marchans, qui fera un grand bien pour la Republique.

XXXIII.

ITEM, Que nuls ferviteurs dudit Meftier ne pourront s'abfenter de leurs Maiftres, s'ils n'ont fait le temps qu'ils foient alloüez à leurfdits Maiftres, & deffenfes à tous Maiftres de ne les prendre à leur fervice, que premierement leurdit Maiftre ne foit content, fur peine d'amende arbitraire

XXXIV.

ITEM, Que fi aucun Maiftre Paticier prend quelque Garçon pour apprendre ledit eftat pour moindre temps que cinq ans, ne pourra tenir avec luy qu'un apprentif; Et neanmoins ne pourra acquerir la franchife dudit Meſtier, s'il n'a eſté apprentif par l'eſpace de cinq ans. Et neanmoins ne pourront leſdits Maiſtres les prendre, que préalablement ils n'ayent averty leſdits Jurez, pour en tenir regiſtre du temps qui les tiendront, & ce en peine de huit livres pariſis d'amende, applicable comme deſſus.

DESQUELS anciens Statuts & nouveaux Articles cy-deſſus declarez, leſdits Maiſtres Jurez & Communauté, dudit Meſtier de Paticier & Oublayer, Nous ont tres-humblement ſupplié & requis leur vouloir octroyer Lettres de confirmation, omologation & autoriſation pour ce requiſes & neceſſaires. SÇAVOIR faiſons, Que nous voulans bien & favorablement traitter leſdits Supplians, & iceux non ſeulement conſerver & garder en leurſdits anciens Statuts & Ordonnances, comme noſdits Predeceſſeurs ont fait, mais auſſi pour le bien, utilité, commodité & choſe publique, police, augmentation & entretenement duditMeſtier, leur en donner & octroyer d'autres; Et aprés qu'avons fait voir par les Gens de noſtre Conſeil Privé leſdits anciens Statuts & nouveauxArticles cy-deſſus déclarez, Avons en continüant & confirmant iceux anciens Statuts & Ordonnances, leſdits nouveaux Articles loüez, gréez, ratifiez, confirmez, omologuez & approuvez, & de noſtre grace ſpeciale, pleine puiſſance & autorité Royale, loüons, gréeons, ratifions, confirmons & approuvons par ces preſentes, & iceux nouveaux Articles de nouveau donné & octroyé, donnons & octroyons auſdits Supplians & Communauté dudit Meſtier de Paticier & Oublayer en noſtredite Ville de Paris, & Faux-bourgs d'icelle, pour en joüir & uſer, & eſtre d'oreſnavant & par cy-aprés inviolablement obſervez & gardez en noſtredite Ville de Paris & Faux-bourgs, & par tout ailleurs qu'il ap-

partiendra & befoin fera , de point en point felon leur
forme & teneur , fans y contrevenir ne innover aucune
chofe au contraire. SI DONNONS en mandement par
cefdites prefentes à nos amez & feaux les gens tenans
noftre Cour de Parlement à Paris , Prevoft dudit lieu ou
fon Lieutenant , & à tous nos autres Jufticiers & Officiers
qu'il appartiendra , Que par nos prefens confirmation,
omologation , autorifation & approbation , ils faffent
lire, publier & enregiftrer , & du contenu efdites Ordonnances , tant anciennes que modernes , faire fouffrir &
laiffer joüir & ufer lefdits Supplians & leurs fucceffeurs audit Meftier de Páticier & Oublayer , en contraignant &
faifant contraindre à ce faire , fouffrir & obeïr tous ceux
qu'il appartiendra , & qui pour ce feront contraindre par
les voyes que de raifon ; Le tout nonobftant oppofitions
ou appellations quelconques , pour lefquelles ne voulons
eftre differé : CAR tel eft noftreplaifir; Nonobftant quelconques , Privileges Statuts , Arrefts , Jugemens , Sentences , Mandemens , Deffences , & Lettres impetrées & à
impetrer au contraire. Et afin que ce foit chofe ferme &
ftable à toujours , Nous avons fait mettre noftre Scel à
cefdites prefentes. DONNE' à Paris au mois de Juillet,
l'an de grace mil cinq cens foixante fix,& de noftre Regne
le fixiéme. Ainfi figné , Par le Roy , DE LAUBESPINE,
Et fcellé en lacs de foye rouge & verte , de cire verte.

*Regiftré , oüy le Procureur General du Roy, pour joüir par
les Impetrans de l'effet & contenu en icelles, aux charges portées
par le Regiftre de ce jour, A Paris en Parlement le dixiéme jour
de Février, l'an mil cinq cens foixante-fept.* Signé, Du TILLET.

Enregiſtré en la Chambre du Procureur du Roy au ſecond Cahier neuf, & ces preſens Originaux rendus aux Jurez.

CONTENTOR.

BRISSET.

CHARLES PAR LA GRACE DE DIEU, Roy de France ; Au Prevoſt de Paris ou ſon Lieutenant, Salut. Nos chers & bien amez les Maiſtres Jurez, Gardes & Communauté de Paticier Oublayer de noſtre Ville, Faux-bourgs & Banlieuë de Paris, Nous ont fait remonſtrer, Qu'au mois de Juillet dernier, ils nous preſenterent certains anciens Statuts & nouveaux Articles pour la Police de leur Meſtier, leſquels nous aurions deſlors fait voir en noſtre Privé Conſeil, & decerné nos Lettres Patentes en forme de Chartres, & par icelles approuvé, omologué & autoriſé leſdits Statuts & Articles, & mandé à noſtre Cour de Parlement & à vous, faire joüir & uſer les Expoſans du contenu en icelles, laquelle noſtredite Cour auroit verifié noſdites Lettres dés le douziéme Février dernier, & ordonné que les Expoſans joüiront du contenu en icelles, excepté pour le regard du 32. article, depuis elles vous ont été preſentées ; Et combien qu'elles ſoient verifiées en noſtredit Conſeil, neanmoins vous faites difficulté proceder à la publication d'icelles en voſtre Siege pour quelques articles y contenus , Nous ſuppliant & requerant que noſtre bon plaiſir fuſt leur pouvoir : NOUS Par l'avis de noſtre Conſeil, qui a veu noſdites Lettres, Arreſt & verification ſur icelles , Vous mandons & enjoignons par

ces prefentes, que vous prendrez pour toutes Juſſions &
commandemens, ſans en attendre de nous d'autres, Qu'in-
continent vous faſſiez lire, publier & enregiſtrer noſdites
Lettres, icelles garder, obſerver & entretenir de point en
point ſelon *leur* forme & teneur, & tout ainſi que par
icelles eſt *porté*, ſans uſer d'aucunes modifications ou
reſtrictions ſur icelles, autre que celle qui eſt portée par
leſdits Arreſts, ains du contenu en icelles faites joüir les
Expoſans pleinement & paiſiblement. MANDONS en
outre à noſtre Procureur, tenir la main pour l'obſervation
deſdits Statuts & Articles, ou nous mander les cauſes qui
vous meuvent de ne proceder à la verification d'icelles, &
tout ce que deſſus faire, ſouffrir & obeïr, contraignez ou
faites contraindre tous ceux qu'il appartiendra par toutes
voyes dûës & raiſonnables, nonobſtant oppoſitions ou
appellations quelconques, & ſans préjudice d'icelles, pour
leſquelles ne voulons eſtre differé ; CAR tel eſt noſtre
plaiſir ; Nonobſtant quelconques, Ordonnances, reſtrictions, mandemens, deffenſes, & Lettres à ce contraires.
DONNE' à ſaint Germain en Laye le dernier jour de
Juin, l'an de grace mil cinq cens ſoixante-ſept, & de noſtre
Regne le ſeptiéme. Signé, Par le Roy en ſon Conſeil,
DE LOMENIE.

Extrait des Regiſtres de la Cour de Parlement.

VEU par la Cour les Lettres Patentes du Roy en forme de Chartre, données au mois de Juillet dernier,
ſignées Par le Roy, DE LAUBESPINE, Contenant pluſieurs
Articles concernans le Reglement & Police du Meſtier de
Paticier

Paticier & Oublayer de la Ville, Faux-bourgs & Banlieuë de Paris, obtenuës & impetrées de la part des Maiftres Jurez, Gardes & Communauté de l'Art de Paticier
Oublayer de ladite Ville & Faux-bourgs : Les conclufions
du Procureur general du Roy, auquel l'Ordonnance d'i-
celle conft lefdites Lettres, ont efté communiquées,
Et tout confideré : LADITE COUR A ordonné
que lefdites Lettres Patentes feroient regiftrées és Regiftres d'icelle, pour joüir par les Impetrans de l'effet & contenu en icelles, fors & excepté pour le regard du 32. article d'icelles, confentant la vifitation des fromages de
Brie, œufs & beurre. FAIT en Parlement le dixiéme
jour de Février mil cinq cens foixante fept.
Signé, DU TILLET.

CHARLES PAR LA GRACE DE DIEU,
Roy de France, Au Prevoft de Paris ou fon Lieute-
nant, Salut. Les Maiftres Jurez de la Communauté des
Paticiers & Oublayers de la Ville & Faux-bourgs de Paris,
Nous ont fait remonftrer, Que par cy-devant ils nous auroient en noftre Confeil Privé prefenté certains Statuts &
Articles pour leur Meftier, lefquels nous aurions par nos
Lettres Patentes approuvez & omologuez, & mandé à
noftre Cour de Parlement de Paris & à vous, faire joüir les
Expofans du contenu en iceux, ce que noftredite Cour
auroit ordonné, oüy noftre Procureur general en icelle, &
depuis nofdites Lettres vous auroient efté prefentées, qui
ne les auriez voulu verifier:Ce que les expofans nous ayant
remonftré, Nous vous aurions par autres nos Lettres Pa-

tentes, mandé verifier nofdites premieres Lettres, fuivant l'Arreft de noftredite Cour de Parlement, ou nous envoyer les caufes pour lefquelles vous differez ladite verification : lefquelles fecondes Lettres vous eftant prefentées, vous auriez retenuës fans icelles verifier ne rendre aux Expofans, qui nous auroient le tout remonftré en noftredit Confeil, Et par l'avis d'iceluy, Vous aurions mandé verifier lefdites Lettres, ou nous envoyer en noftredit Confeil dans huitaine, les caufes de voftre refus, à peine d'en répondre en voftre propre & privé nom ; A quoy vous n'auriez obey, au moyen dequoy vous aurions derechef mandé verifier nofdites Lettres fuivant ledit Arreft, à peine de tous dépens, dommages & interefts des Expofans : Neantmoins quelque commandement & Juffions que nous vous ayons faites, Vous n'avez voulu proceder à la verification de nofdites Lettres, ains vous ou noftredit Procureur, avez retenu la plus grand part de nofdites Lettres fans les vouloir rendre aufdits Expofans, qui nous ont tres-humblement fait fupplier & requerir leur pourvoir : NOUS par l'avis de noftre Confeil, qui a veu nofdites Lettres & autres pieces cy-attachées fous le contre-fcel de noftre Chancellerie Vous mandons, commettons & enjoignons par ces prefentes, que voulons vous fervir de toutes Juffions, Vous proceder à la verification de nofdites Lettres en forme de Chartre, pour les Statuts dudit Meftier des Expofans dans huitaine aprés la prefentation d'icelles, & faites joüir les Expofans du contenu en nofdites Lettres, fuivant l'Arreft de noftredite Cour ; Et à faute de ce faire, & ledit temps paffé, Mandons au premier de nos amez & feaux Maiftres des Requeftes ordinaire de noftre Hoftel, fe tranfporter en voftre Auditoire du Chaftelet de Paris,

& faire lire, publier & enregiftrer nofdites Lettres en forme de Chartre , & joüir les expofans du contenu en
icelles fuivant ledit Arreft de noftredite Cour de Parlement , nonobftant oppofitions ou appellations quelconques, pour lefquelles ne voulons eftre differé : C A R tel eft
noftre plaifir ; Nonobftant quelconques Ordonnances,
Reftrinctions, Mandemens & deffenfes à ce contraires.
D O N N E' à Paris le douziéme jour de May , l'an de grace
mil cinq cens foixante-huit , & de noftre Regne le huitiéme. Signé , Par le Roy en fon Confeil , DE LAMONERE.
Et fcellé en placart de cire jaune.

*Collation des prefentes coppies a efté faite aux Originaux
d'icelles eftans en parchemin fains & entiers , par nous Notaires du Roy noftre Sire au Chaftelet de Paris fous-fignez,
le 24. jour de Juin 1570.* Ainfi figné , N U T R A T & B E R-
G E O N.

A T O U S ceux qui ces prefentes Lettres verront,
Antoine Duprat, Chevalier de l'Ordre du Roy,
Seigneur de Nantoillet, Precy, Rozay & Fourmeries,
Baron de Thiers, Thoury & Viteaux, Confeiller de fa
Majefté , fon Chambellan ordinaire, & Garde de la Prevofté de Paris , Salut. S ç A V O I R faifons, Que fur la Requefte à luy prefentée par les Maiftres Jurez , Gardes &
Communauté de l'Art de Paticier & Oublayer en cette
Ville de Paris , tendant par icelle à ce que les Lettres Patentes du Roy données à Blois le quatriéme jour de Mars
mil cinq cens foixante-douze, dernier paffé , fuffent en-
therinées, & en ce faifant qu'ils puiffent joüir de tel effet
& contenu és Lettres Patentes dudit Seigneur en forme de

Chartre, données à Paris au mois de Juillet mil cinq cens soixante-six, Enregistrées en la Cour de Parlement, oüy sur ce le Procureur general du Roy, le dixiéme jour de Février mil cinq cens soixante-sept, Aprés qu'il nous est apparu desdites Lettres en forme de Chartre cy-dessus dattées, signées, Par le Roy, de Laubespine. Visa Contentor, Brisset. Autres Lettres Patentes données à Blois le quatriéme jour de Mars mil cinq cens soixante-douze, Signées, Par le Roy en son Conseil, De Sourieu, & scellées sur double queuë du grand Scel en cire jaune, Enregistrées en ladite Cour le vingt-deuxiéme jour de Mars audit an, Arrest sur ce intervenu ledit jour vingt-deuxiéme de Mars, signé de Henez ; Et oüy sur ce le Procureur du Roy nostre Sire audit Chastelet : De son consentement NOUS ordonnons en interinant lesdites Lettres, que lesdits Maistres Jurez, Gardes & Communauté de Paticier & Oublayer en cette Ville & Banlieuë de Paris, joüiront de l'effet & contenu esdites Lettres du mois de Juillet mil cinq cens soixante-six, suivant l'Arrest donné en ladite Cour sur ce intervenu ; Et en ce faisant avons fait inhibitions & deffences à toutes personnes de leur donner aucun trouble ou empêchement en l'effet & joüissance desdites Lettres de Chartre, & Articles contenus en icelles, selon & aux charges portées & contenuës par les Arrests de ladite Cour ; lesquelles Lettres nous ordonnons estre regiftrées au Registre ordinaire du Chastelet de Paris, pour y avoir recours quand il appartiendra & que mestier sera. En témoin de ce, Nous avons fait mettre à ces presentes le Scel de la Prevosté de Paris, par Noble homme & sage Maistre Pierre Seguier, Conseiller du Roy nostre Sire, Lieutenant Civil de la Prevosté de Paris, le Mercre-

dy vingt-uniéme jour de Janvier, l'an mil cinq cens foixante-treize. Ainfi figné, DROUART.

Collation de la prefente copie a efté faite à fon Original en parchemin fain & entier, par nous Notaires du Roy noftre Sire au Chaftelet de Paris fous-fignez, l'an mil cinq cens foixante-treize, le Mardy onziéme jour de Mars. Ainfi figné, LA FRONGNE & THIERIOT.

Collation des copies cy - deffus, a efté faite & prife fur autres copies collationnées aux Originaux par les Notaires deffus-nommez, par nous Notaires du Roy noftre Sire au Chaftelet de Paris, fous-fignez, l'an mil cinq cens foixante - treize, le Mardy fixiéme jour d'Octobre. Ainfi figné, CHARLOT, & ROSSIGNOL.

LOUIS PAR LA GRACE DE DIEU, Roy de France & de Navarre, A tous prefens & à venir, Salut. Nos chers & bien amez les Maiftres Jurez & Communauté des Paticiers Oublayers de noftre bonne Ville & Faux-bourgs de Paris, Nous ont fait dire & remonftrer, que les Rois nos predeceffeurs pour obvier à plufieurs abus, malverfations & monopoles qui fe commettent audit Meftier, leur auroient accordé plufieurs Privileges qui leur ont efté confirmez de Regne en Regne, même par le feu Roy noftre tres-honoré Seigneur & Pere, que Dieu abfolve, qu'ils auroient fait enregiftrer en noftre Cour de Parlement à Paris, & par tout où befoin a efté, ainfi qu'il appert par Lettres qui

leur en furent expediées, & Arrests de verification, cy-
attachées fous noftre contre fcel; defquelles, enfemble
de la conceffion à eux accordée par noftredit Seigneur &
Pere, par fes Lettres Patentes du mois d'Octobre mil fix
cens douze, A fçavoir que ceux qui fe loüeront aufdits
Expofans & à leurs fucceffeurs audit Meftier, pour les
fervir en iceluy, ne pourront fortir d'avec leur Maiftre
qu'aprés l'an expiré, & que lefdits Expofans pourront
faire les Ouvrages de Paticerie les jours de Noftre-Dame
de la Chandeleur, & qu'ils chomeront & ne pourront
fortir & travailler le jour de la Nativité de Noftre-Dame,
encores que par lefdits Privileges il ne leur foit permis de
travailler ledit jour de la Chandeleur, ils ont & duëment
joüy & joüiffent encores de prefent : Mais craignant d'y
eftre troublez, pour n'avoir eu fur ce nos Lettres de confirmation, ils Nous ont fait tres-humblement fupplier
les leurs accorder. Sçavoir faisons, que Nous
inclinant à leur fupplication, Avons aufdits Expofans
continué & confirmé, continüons & confirmons par ces
prefentes lefdits Privileges & conceffions à eux accordées
par les Rois nos predeceffeurs, Arrefts & Ordonnances
de verification, & enregiftrement d'icelles, pour en joüir
par eux & leurs fucceffeurs en la forme & maniere, & tout
ainfi qu'ils en ont bien & duëment joüy & ufé, joüiffent
& ufent encore de prefent. Si donnons en mandement à nos amez & feaux Confeillers les Gens tenans noftre Cour de Parlement, Prevoft de Paris, fon
Lieutenant Civil, ou autres nos Officiers qu'il appartiendra, que nos prefentes Lettres de confirmation ils ayent
à enregiftrer, & du contenu en icelles, & de celles de
nos predeceffeurs Rois, faire joüir & ufer lefdits Expo-

fans pleinement & paifiblement, ceffant & faifant cef-
fer tous troubles & empéchemens au contraire : Car tel
eft noftre plaifir; Nonobftant toutes Lettres, Privileges,
Statuts, Ordonnances, Jugemens, Arrefts, & Sentences à ce contraires, aufquelles Nous avons dérogé & dé-
rogeons par ces prefentes. Et afin que ce foit chofe ferme & ftable à toujours, Nous avons fait mettre noftre
fcel à ces prefentes. Donne' à Paris au mois de May
l'an de grace mil fix cens cinquante-trois, & de noftre
Regne le dixiéme. Signé, Par le Roy, SAULGER.

*Regiftrées, oüy le Procureur general du Roy, pour joüir par
les Impetrans de l'effet y contenu felon leur forme & teneur,
ainfi qu'ils en ont cy-devant bien & duëment joüy & ufé,
joüiffent & ufent encore à prefent, A Paris en Parlement, le
dix éme Juin mil fix cens cinquante-trois.*

Signé, Du Tillet.   CONTENT.

A TOUS CEUX QUI CES PRESENTES
Lettres verront, Louis Seguier, Chevalier Baron de faint Briffon, Seigneur des Ruaux & de faint
Firmin, Confeiller du Roy, Gentil-homme ordinaire
de fa Chambre, & Garde de la Prevofté de Paris, Salut.
Sçavoir faifons, que veu la Requefte à nous prefentée par les Maiftres Jurez & Communauté des Paticiers
Oublayers de cette Ville & Faux-bourgs de Paris, narrative qu'ils ont obtenu Lettres du Roy au mois de May
dernier, portant confirmation de leurs Privileges, lefquelles Lettres ils auroient prefentées à Noffeigneurs de
Parlement, & par Arreft du dix-huitiéme jour de Juin

dernier, Ladite Cour a ordonné qu'icelles Lettres feront Regiftrées au Greffe d'icelle, pour joüir par lefdits Maiftres Jurez & Communauté de l'effet defdites Lettres felon leur forme & teneur, ainfi qu'ils en ont cy-devant bien & duëment joüy & ufé, joüiffent & ufent encore à prefent. Et d'autant qu'ils ont intereft que nul ne prétende caufe d'ignorance de leurfdits Privileges , & qu'ils ne les y puiffent troubler n'y empêcher, ils nous auroient requis d'ordonner que lefdites Lettres , enfemble ledit Arreft de la Cour être regiftré au Greffe du Chaftelet de Paris , pour y avoir recours quand befoin fera. SURQUOY Nous aprés avoir veu lefdites Lettres Patentes & autres pieces attachées fous le contrefcel d'icelle , & ledit Arreft de la Cour, & oüy fur ce le Procureur du Roy de cette Cour en fes conclufions ; ORDONNONS que lefdites Lettres Patentes de fa Majefté du mois de May dernier, feront regiftrées au Greffe de cette Cour, pour eftre icelles executées felon leur forme & teneur, & joüir par lefdits Oublayers de l'effet & contenu en icelles. En témoin de ce Nous avons fait mettre & appofer le Scel de ladite Prevofté de Paris à cefdites prefentes, qui furent faites & données par Meffire Dreux Daubray, Confeiller de Roy en fes Confeils d'Eftat & Privé, & Lieutenant Civil de la Ville, Prevofté, & Vicomté de Paris, le onziéme jour de Juillet mil fix cens cinquante-trois. Au deffous eft écrit, Collation avec paraphe. Signé, DELONGUEIL.

Extrait

Extrait des Regiſtres de la Cour de Parlement.

VEU par la Cour les Lettres Patentes données à Paris au mois de May dernier , ſignées LOUIS , & ſur le reply , Par le Roy , SAULGER , & ſcellées ſur lacs de ſoye du grand Sceau de cire verte , obtenuës par les Maiſtres Jurez & Communauté des Paticiers Oublayers de la Ville & Faux-bourgs de Paris , par leſquelles & pour les cauſes y contenuës , ledit Seigneur leur auroit continué & confirmé les Privileges & conceſſions à eux accordées par les Rois ſes predeceſſeurs , Arreſts & Ordonnances de verification & enregiſtrement d'icelles , pour en joüir par eux & leurs ſucceſſeurs en la forme & maniere , & tout ainſi qu'ils en ont bien & deuëment joüy & uſé , joüiſſent & uſent encores de preſent , ainſi que plus au long eſt porté par leſdites Lettres à la Cour addreſſantes : Requeſte preſentée par leſdits Maiſtres Jurez & Communauté deſdits Paticiers Oublayers le 30. May dernier , afin d'enregiſtrement deſdites Lettres. VEU auſſi autres Lettres Patentes des Rois Charles IX. Henry III. Henry IV. & Louis XIII. portant ratification & confirmation de leurs autres Ordonnances & Privileges des mois de Juillet mil cinq cens ſoixante-ſix , Juin mil cinq cens ſoixante-ſept , May mil cinq cens ſoixante-ſeize , Juin mil cinq cens quatre vingt-quatorze , & Octobre mil ſix cens douze , verifiées en la Cour le dixiéme Février mil cinq cens ſoixante-ſept , ſept Septembre mil cinq cens quatre-vingt-dix-huit , & onze May mil ſix cens treize , & autres pieces attachées ſous le contre-ſcel. Concluſions du Procureur General

D

du Roy, Tout confideré : LA DITE COUR A ordonné & ordonne, Que lefdites Lettres feront regiftrées au Greffe d'icelle, pour joüir par les Impetrans de l'effet & contenu en icelles felon leur forme & teneur, & ainfi qu'ils en ont cy-devant bien & duëment joüy & ufé, joüiffent & ufent encore à prefent. FAIT en Parlement le dix-huitiéme Juin mil fix cens cinquante trois. Collation. Signé DU TILLET.

A TOUS ceux qui ces prefentes Lettres verront, Louis Seguier, Chevalier Baron de faint Briffon, Seigneur des Ruaux & de faint Firmin, Confeiller du Roy, Gentil-homme ordinaire de fa Chambre, & Garde de la Prevofté & Vicomté de Paris, Salut SÇAVOIR faifons, Que veu la Requefte à Nous prefentée par les Maiftres Oublayers de cette Ville de Paris, narrative qu'ils ont obtenu Lettres du Roy données au mois de May dernier, portant confirmation de leurs Privileges, Statuts & Ordonnances, avec pouvoir & permiffion de fonder une Confrairie en l'honneur de Dieu & de faint Michel Archange, lefquelles Lettres ils ont prefentées à la Cour, & par Arreft du dix-huitiéme Juin dernier, ladite Cour a ordonné que lefdites Lettres feront regiftrées au Greffe d'icelle, pour joüir par lefdits Oublayers de l'effet & contenu defdites Lettres, felon qu'ils en ont cy-devant joüy & joüiffent encore à prefent : Et dautant qu'ils ont intereft pour eftre maintenus efdits Privileges, & afin qu'aucun ne les y puiffe troubler ny empêcher, ils Nous auroient requis d'ordonner que lefdites Lettres, enfemble ledit Arreft de la Cour, eftre regiftrées au Greffe de cette Cour, pour y avoir recours quand befoin fera. SUR-

QUOY Nous, aprés avoir veu lefdites Lettres Patentes, & autres pieces attachées fous le contre-fcel d'icelles, & ledit Arreft de la Cour, & les conclufions du Procureur du Roy en cette Cour; ORDONNONS que lefdites Lettres Patentes de fa Majefté du mois de May dernier, feront regiftrées au Greffe de cette Cour, pour eftre icelles executées felon leur forme & teneur, & joüir par lefdits Oublayers de l'effet & contenu en icelles. En témoin de ce Nous avons fait mettre à ces prefentes le Scel de ladite Prevofté de Paris, qui furent faites & données par Meffire Dreux d'Aubray, Seigneur d'Aufremont, Villiers & autres lieux, Confeiller du Roy en fes Confeils d'Eftat & Privé, & Lieutenant Civil de la Ville, Prevofté & Vicomté de Paris, le onziéme Juillet 1653. Au deffous eft écrit : Collation avec paraphe. Signé, DE LONGUEUIL.

Extrait des Regiftres de Parlement.

VEU par la Cour les Lettres Patentes du Roy, données à Paris au mois de May mil fix cens cinquantetrois, Signées fur le reply par le Roy, SAULGER, & fcellées fur lacs de foye du grand Sceau de cire verte, obtenuës par les Maiftres Oublayers de la Ville de Paris, par lefquelles & pour les caufes y contenuës, ledit Seigneur aprés avoir fait voir en fon Confeil les Privileges & conceffions à eux accordées par les Rois fes predeceffeurs, auroit continué & confirmé, omologué & approuvé lefdits Privileges & conceffions ; Veut & luy plaift, qu'ils joüiffent & leurs fucceffeurs du contenu en icelles pleinement, paifiblement & perpetuellement, tout ainfi qu'ils en ont bien & duëment joüy, joüiffent & ufent encore de

preſent, meſme la faculté de pouvoir fermer leurs Boutiques les jours & feſtes de l'Aſcenſion de noſtre Seigneur,
de la Conception & Annonciation de la ſainte Vierge,
comme plus au long eſt porté par leſdites Lettres à la
Cour addreſſantes : Requeſte deſdits Maiſtres Oublayers
du trentiéme May dernier, afin d'entherinement deſdites
Lettres. VEU auſſi autres Lettres de conceſſion & confirmation deſdits Privileges des Rois Philippes, Charles
VII Charles VIII. Charles IX. & Loüis XIII. d'heureuſe memoire, des mois de Janvier mil trois cens vingt-
un, neuf Octobre mil quatre cens, ſept Octobre mil
quatre cens quatre-vingts, ſix Decembre mil cinq cens
ſoixante-douze, & Février mil ſix cens douze, & autres
pieces attachées ſous le contre-ſcel de la Chancellerie.
Concluſions du Procureur General du Roy, Tout con-
ſideré : Ladite Cour a ordonné & ordonne, Que leſdites
Lettres ſeront regiſtrées au Greffe d'icelle, pour joüir par
les Impetrans de l'effet & contenu en icelles ſelon leur forme & teneur, ainſi qu'ils en ont cy-devant bien & deuëment joüy & uſé, joüiſſent & uſent encore à preſent. FAIT
en Parlement le dix-huitiéme Juin mil ſix cens cinquante-
trois. Au deſſous eſt écrit, Collation. Signé, DU
TILLET.

*Collationné aux cinq Originaux en parchemin, ce fait
rendus par les Notaires & Gardenottes du Roy noſtre
Sire en ſon Chaſtelet de Paris, ſous-ſignez, l'an mil
ſix cens cinquante-quatre, le dix-huit Septembre.*

Signé, DE SAINT VAAST.

TRONSON.

DECLARATION DU ROY,

Du 15. May 1691.

Pour réünir à la Communauté des Paticiers les Offices de Jurez, créez par l'Edit du mois de Mars 1691.

Regiftrée en Parlement le 21. defdits mois & an.

LOUIS par la grace de Dieu Roy de France & de Navarre: A tous ceux qui ces prefentes Lettres verront, Salut. Les Jurez & Communauté des Maiftres Paticiers Oublayers de noftre bonne Ville & Faux-bourgs de Paris, nous ont tres-humblement fait remontrer qu'ayant par noftre Edit du mois de Mars dernier créé & érigé en titre d'Offices hereditaires les Gardes des Corps des Marchands & les Maiftres Jurez des Arts & Meftiers, ils ont un notable intereft non feulement que ces Char-ges foient exercées par des perfonnes de probité & d'expe-rience, & que ceux qui en abuferont puiffent être dépof-fedez, mais encore que ceux de leur Communauté qui peuvent s'en bien acquitter puiffent y parvenir à leur tour au lieu qu'ils en feroient exclus, fi ceux que nous en au-rions pourvûs n'en pouvoient être dépoffedez. Par ces confiderations & par le defir de nous marquer leur zele pour noftre fervice & leur foumiffion à nos volontez, ils nous ont fait offrir de payer au Receveur de nos Revenus Cafuels la fomme de vingt mille livres, s'il nous plaifoit

D iij

unir à leur Communauté les Offices de Maiftres Jurez
Syndics nouvellement créez, pour eftre exercez par ceux
qui nous feront par eux prefentez, autant de temps qu'ils
aviferont entr'eux, en confequence des provifions que
nous leur en feront expedier, & leur laiffer pour l'avenir
lorfque le temps de l'exercice de ceux que nous aurions
pourvûs fera expiré, la faculté de nous prefenter de nouveaux Officiers pour prendre de nous la confirmation de
leur nomination ; comme auffi d'accorder à ceux qui prefteront ladite fomme de vingt mille livres ou partie, un
privilege & préference fur les droits & émolumens attribuez aufdits Maiftres Jurez par ledit Edit, Nous fup-
pliant conformement à la déliberation prife en l'affem-
blée de ladite Communauté du 30. Avril dernier, de
leur permettre de faire payer à l'avenir trente fols par
Boutique chacune des quatre vifites qui feront faites
tous les ans par les Jurez, dont les deux tiers feront pour
la bourfe de ladite Communauté, & l'autre tiers pour
les Jurez en Charge, ce qui viendra à fix livres pour les
quatre, fans qu'aucuns des Maiftres de ladite Communauté fe puiffe difpenfer du payement dudit droit, fous
quelque prétexte que ce foit, à l'exception feulement
des anciens Maiftres qui auront paffé les Charges, lefquels ne payeront que vingt fols par vifite, revenant à
quatre livres par an pour chacun ancien Maiftre ; lefquels quatre livres entreront dans la bourfe : & ordonner que chaque Maiftre de Chef-d'œuvre mettra dans
ladite bourfe la fomme de deux cens livres, outre &
pardeffus les droits ordinaires & accoutumez ; que chaque apprentif payera dix livres pour le droit d'enregiftrement de Brevet, & quarante fols pour les Jurez ; que

pour chaque tranfport d'apprentif, il fera mis à la bourfe la fomme de douze livres, que chaque alloüé payera
pour une fois quinze livres, dont il y en aura douze liv.
pour la bourfe, & trois livres pour les Jurez. Qu'il fera payé a ladite bourfe par chacun Juré immediatement
aprés fon élection la fomme de cent cinquante livres.
Que chaque fils de Maiftre venant à la Maiftrife mettra dans ladite bourfe la fomme de vingt livres, outre
les droits ordinaires ; qu'il fera payé douze livres pour
le droit d'ouverture de Boutique, & que les Jurez feront tenus de mettre tous les deniers de ladite bourfe
entre les mains du Receveur de la Communauté de
trois mois en trois mois à peine de dépoffeffion, lequel
Receveur rendra compte defdits deniers auffi de trois
mois en trois mois à la Communauté, enforte que les
arrerages des rentes qui feront conftituées au profit de
ceux qui prefteront leurs deniers à l'effet de la réünion
defdits Offices, foient exactement payez conformément
aux Contrats qui leur en feront paffez, fans que lefdits
deniers puiffent eftre empruntez ny divertis ailleurs, fous
quelque prétexte que ce puiffe eftre, ny eftre faifis par
aucuns autres creanciers. Et voulant favorablement trai-
ter la Communauté defdits Maiftres Paticiers & luy donner des marques de noftre protection. A CES CAUSES,
de l'avis de noftre Confeil, qui a veu la deliberation de
ladite Communauté du 30. Avril dernier, & de noftre
certaine fcience, pleine puiffance & autorité Royale, Nous
avons par ces prefentes fignées de noftre main, uni &
incorporé, uniffons & incorporons à la Communauté
defdits Maiftres Paticiers Oublayers, les Offices de Jurez
& Syndics de leur Communauté, créez par noftre Edit du

mois de Mars dernier, en payant par eux suivant leurs offres au Receveur de nos Revenus Casuels en exercice, la somme de vingt mille livres en trois payemens égaux, le premier comptant, le second à la fin du present mois de May, & le dernier à la fin du mois de Juin prochain. Ce faisant voulons que lesdits Offices soient exercez en consequence des provisions que nous ferons expedier à ceux qui seront nommez par ladite Communauté, pour tel temps qu'il sera par elle avisé, aprés l'expiration duquel pourra ladite Communauté nous presenter de nouveaux Officiers, afin d'obtenir de nous la confirmation de leur nomination, & continuër à l'avenir à toutes les mutations d'Officiers que voudra faire ladite Communauté. Et afin de donner à ceux qui presteront ladite somme de vingt mille livres, ou partie, la seureté qui nous est demandée, Voulons que dans la Quittance de Finance qui sera délivrée à ladite Communauté par le Receveur de nos Revenus Casuels, mention soit faite de ceux qui feront ledit prest, lesquels outre l'hypoteque qu'ils auront sur les biens & effets appartenans à ladite Communauté, auront un privilege sur les deniers qui proviendront des droits & émolumens attribuez par nostredit Edit. Ordonnons conformément à la déliberation de ladite Communauté du 30. Avril dernier, qu'il sera payé trente sols par Boutique à chacune des quatre visites qui seront faites tous les ans par les Jurez, dont les deux tiers seront pour la bourse de la Communauté, & l'autre tiers pour les Jurez en Charge, sans qu'aucuns Maistres de ladite Communauté se puissent dispenser du payement dudit droit, sous quelque prétexte que ce soit, à l'exception seulement des anciens Maistres qui auront passé les

Charges,

Charges, lefquels ne payeront que vingt fols par vifite, revenant à quatre livres par an , lefquels quatre livres entreront entierement dans la bourfe : Comme auffi qu'il fera mis deux cens livres dans la bourfe de ladite Communauté par chaque Maiftre de Chef-d'œuvre, outre & pardeffus lefdits droits ordinaires & accoutumez, qu'il fera payé dix livres à ladite bourfe par chacun apprentif pour le droit d'enregiftrement du Brevet d'apprentiffage, & quarante fols pour les Jurez, que pour chaque tranfport d'apprentif il fera mis douze livres dans la bourfe, que chaque alloüé payera quinze livres, dont il y en aura douze livres pour la bourfe & trois livres pour les Jurez, qu'il fera payé par chacun Juré immediatement aprés fon élection cent cinquante livres à la bourfe, vingt livres par chaque fils de Maiftre venant à la Maiftrife outre les droits ordinaires , & douze livres pour le droit d'ouverture de Boutique. Voulons que les Jurez foient tenus de remettre tous les deniers de ladite bourfe entre les mains du Receveur de la Communauté de trois mois en trois mois , à peine de dépoffeffion ; & que ledit Receveur rende compte de ces deniers à ladite Communauté auffi de trois mois en trois mois, que les arrerages des rentes qui feront conftituées au profit de ceux qui prefteront leurs deniers à l'effet de la réünion defdits Offices à la Communauté, foient exactement payées conformément aux Contrats qui leur en feront paffez ; & que le reftant defdits deniers foit employé à l'acquittement du principal defdites rentes , fans qu'ils puiffent eftre divertis ailleurs fous quelque prétexte que ce foit, ni faifis par aucuns autres créanciers, lefquels droits nouveaux & d'augmentation établis par ces prefentes , ne feront levez & perçûs que juf-

E

ques à l'actuel rembourſement de ladite ſomme de vingt
mille livres, tant en principal qu'arrerages, aprés lequel
il ne ſera payé que les meſmes droits qui ont eſté payez
cy-devant pour les viſites des Jurez, l'enregiſtrement des
Brevets, Receptions & autres cy-deſſus mentionnez, &
ainſi qu'ils ſeront reglez par les Commiſſaires de noſtre
Conſeil, qui ſeront à ce députez en execution de noſtredit Edit du mois de Mars dernier. SI DONNONS EN
MANDEMENT à nos amez & feaux Conſeillers les gens
tenans noſtre Cour de Parlement, que ces preſentes ils
ayent à faire lire, publier & regiſtrer, & du contenu en
icelles faire joüir & uſer les Jurez & Communauté des
Maiſtres Paticiers Oublayers de noſtre bonne Ville &
Faux-bourgs de Paris, ſelon leur forme & teneur ; CAR
tel eſt noſtre plaiſir : En témoin de quoy nous avons fait
mettre noſtre ſcel à ceſdites preſentes. DONNE' à Ver-
ſailles le 15. May, l'an de grace 1691. & de noſtre Regne
le quarante-huitiéme. Signé, LOUIS ; Et plus bas, Par
le Roy, PHELYPEAUX, *Viſa*, BOUCHERAT, &
ſcellé.

Regiſtrées, oüy & ce requerant le Procureur General du Roy,
pour eſtre executées ſelon leur forme & teneur, & copie collationnée
envoyée au Siege du Chaſtelet de Paris, pour y eſtre lüë, pu-
bliée & regiſtrée. Enjoint au Subſtitut du Procureur General au-
dit Chaſtelet d'y tenir la main, & d'en certifier la Cour dans
huitaine, ſuivant l'Arreſt de ce jour. A Paris en Parlement le 24.
May 1691. Signé, DU TILLET.

ARREST DU CONSEIL D'ESTAT,

Du 25. Septembre 1696.

RENDU SUR LA REQUESTE PRESENTE'E
au Roy par les Jurez, Corps & Communauté des Maiſtres Paticiers Oublayers à Paris,
au ſujet de la Reünion à leur Communauté des
Offices d'Auditeurs Examinateurs des Comptes
d'icelle Communauté, créez par Edit du mois
de Mars 1694. Il en a eſté extrait ce qui enſuit.

LE Roy en ſon Conſeil a ordonné & ordonne,
qu'en payant par la Communauté des Maiſtres Paticiers à Paris la ſomme de onze mil ſix cent livres reſtant
de celle de ſeize mille livres pour la finance des Offices
d'Auditeurs Examinateurs des Comptes, créez par l'Edit
du mois de Mars 1694. & de celle de ſeize cent livres pour
les deux ſols pour livre de ladite finance, ſçavoir moitié
comptant, & l'autre moitié faiſant l'entier & parfait
payement dans le mois de Novembre prochain : Leſdits
Offices ſeront & demeureront toujours réunis & incor-
porez à ladite Communauté, ſans qu'il ſoit beſoin de
prendre aucunes Lettres de Proviſions, dont ſa Majeſté
a relevez & diſpenſez les Supplians. Ce faiſant la Communauté joüira ſuivant l'Arreſt du 4. du preſent mois des

360. livres de gages effectifs attribuez aufdits Offices &
du droit Royal, à commencer depuis l'Edit du mois de
Mars 1694. tel qu'il a efté étably par celuy du mois de Mars
1691. Les Maiftres qui ont prêté & préteront leurs deniers
pour la finance defdits Offices auront hipoteque & privilege fpecial fur lefdits Offices, Gages, Droit Royal y attribuez, & les interefts defdites fommes leur feront payez
à raifon du denier vingt, du jour des reçûs qui leur en auront été donnez par les Jurez. Et pour affurer davantage
le payement defdits interefts, mefme le remdourfement
des fommes principales : Le droit de vifite fera augmenté
de quarante fols par chacun an pour chaque Maiftre : Le
droit d'ouverture de Boutique augmenté jufqu'à vingt
liv. au lieu de douze : Sera payé pour chaque tranfport de
Brevet, & pour chaque alloüé dix-huit livres au lieu de
quinze & de douze : Et ce huit jours aprés la paffation
defdits actes, & feront tous les Brevets fignez au moins
de deux Jurez, & enregiftrez fur le Livre de la Commu-
nanté, à peine de nullité, cinquante livres d'amande contre le Maiftre, & de tous les dépens dommages & interefts de l'apprentif, & ne pourront les Maiftres garder
chez eux un Apprentif plus d'un mois fans eftre obligé.
Pour la reception d'un Maiftre de Chef-d'œuvre il fera
payé par l'afpirant au profit de la Communauté trois cens
livres, y compris le droit Royal au lieu de deux cens livres qui fe payoient cy-devant: Et pour la reception d'un
fils de Maiftre quarante livres, y compris auffi le Droit
Royal. Permet Sa Majefté à la Communauté de recevoir quatre Maiftres fans qualité, à la charge que chacun defdits Maiftres payera quatre cent livres au profit
de ladite Communauté ; Et pareillement de donner à fix

jeunes Maiftres le rang & tous les droits & prérogatives d'Anciens , en payant par chacun d'eux la fomme de trois cens livres. Permet en outre aux Jurez qui feront élûs à l'avenir d'exercer leurs fonctions en vertu des commiffions qui leur feront delivrées par le Procureur de Sa Majefté au Chaftelet de Paris fans être obligez de prendre des Lettres de Provifion ou de Nomination dont fa Majefté les a relevez & difpenfez : Dérogeant pour cet égard feulement à l'Edit du mois de Mars 1691. & à la Declaration du 15. May enfuivant. Veut que les deniers provenans des nouvelles augmentations de droits foient pareillement affectez & hypotequez aux payemens des principaux & interefts des fommes preftées pour la finance defdits Offices d'Auditeurs Examinateurs des Comptes, & qu'ils foient receus par les Jurez, qui feront tenus de les remettre entre les mains du Receveur pour eftre par luy employez au payement des interefts defdites fommes : Lequel fera tenu rendre compte de ce qu'il aura receu & payé conformement aufdits Edit & Declaration de Sa Majefté en prefence du Procureur du Roy du Chaftelet. Et aprés tous les interefts payez , s'il refte quelques deniers entre fes mains , ils feront employez au rembourfement de quelque partie des principaux , fans pouvoir l'eftre à aucunes autres dépenfes fous quelque pretexte que ce foit , à peine par ledit Receveur d'en repondre en fon nom : Et feront au furplus les Statuts du Meftier, Arrefts & Reglemens de Police fur ce intervenus executez felon leur forme & teneur fous les peines portées par iceux : Et pour l'execution du prefent Arreft toutes Lettres neceffaires feront expediées. Fait au Confeil d'Eftat du Roy, tenu à Marly le vingt-

cinquiéme jour de Septembre mil six cent quatre-vingt-
seize. Collationné. Signé. RANCHIN.

Ces Privileges ont été r'imprimez
en l'année 1697. PIERRE COUTEROT,
PIERRE DUBOURT, MATHIEU
LE FEVRE & ADRIEN DE ROUEN
étans Jurez en Charge.

De l'Imprimerie de GILLES PAULUS-DU-MESNIL. 1697.

EXTRAIT DES REGISTRES
du Parlement.

ENTRE les Jurez de la Communauté des Maiſtres Rotiſſeurs de la Ville & Fauxbourgs de Paris, Appellant des Sentences renduës aux Requeſtes du Palais le premier & huit Juillet mil ſix cens quatre-vingt-douze, & de tout ce qui s'en eſt enſuivi d'une part; & Germain le Coq, Patiſſier de la Bouche & Cuiſine du Roy, & Maiſtre Patiſſier à Paris, Intimé d'autre part : & entre ledit le Coq, Appellant de la Sentence du Lieutenant de Police au Chaſtelet de Paris, du vingt-un Mars mil ſix cens quatre-vingt-douze, renduë au profit des Rotiſſeurs & de tout ce qui pourroit s'en eſtre enſuivi, le Demandeur aux fins de la Requeſte du vingtiéme Aouſt mil ſix cens quatre-vingt-douze, énoncée en l'Arreſt du vingt-trois du meſme mois, tendante à ce qu'en évoquant le principal, & y faiſant droit, la ſaiſie ſur luy faite de dix-huit Pigeons, par les

A

Jurez Rotiſſeurs, fût declarée injurieuſe & déraiſon-
nable, & à ce que pleine & entiere main-levée luy en
fuſt faite, & à ce qu'il fuſt ordonné qu'à la reſtitu-
tion de la valeur, leſdits Jurez Rotiſſeurs ſeroient
contraints par corps; comme auſſi à ce que ledit le
Coq fûſt maïntenu & gardé en ladite qualité de Pâ-
tiſſier de la Bouche du Roy, dans le droit & dans
la poſſeſſion d'acheter ſur le carreau de la Vallée les
viandes neceſſaires pour ſon art, & que deffenſes fuſſent faites aux Rotiſſeurs de l'y troubler, & pour l'a-
voir fait, qu'ils fuſſent condamnez en ſes dommages intereſts, & aux dépens tant des cauſes principales que d'appel d'une part, & leſdits Jurez Rotiſſeurs,
Intimez & Deffendeurs d'autre part; & contre ledit
le Coq, Demandeur en execution dudit Arreſt du
vingt-troiſiéme Aouſt mil ſix cent quatre-vingt-
douze, portant qu'il ſeroit tenu de mettre en cauſe
la Communauté des Maiſtres Patiſſiers, pour dire
dans la cauſe d'Apel, ce qu'elle aviſeroit bon eſtre;
ladite demande faite par Exploit du dixiéme Septembre mil ſix cens quatre-vingt-douze, avec aſſi-
gnation en la Cour aux Maiſtres Jurez de la Communauté des Patiſſiers de la Ville & Fauxbourgs de
de Paris, pour proceder en ladite Cour aux fins
dudit Arreſt d'une part, & les Maiſtres Jurez de ladite Communauté des Maiſtres Patiſſiers de la Ville
& Fauxbourgs de Paris, Deffendeurs d'autre part;
& entre leſdits Jurez Rotiſſeurs à Paris, Deman-

deurs en trois Requeſtes preſentées à la Cour la premiere du vingt-neuviéme Decembre mil ſix cens
quatre-vingt-ſeize, tendante à ce que l'avis des Officiers de Police du Chaſtelet de Paris, donné en
execution dudit Arreſt du vingt-troiſiéme Aouſt mil
ſix cens quatre-vingt-douze, ledit avis en datte du
vingt-huitiéme Septembre mil ſix cens quatre-vingt-
quinze, fuſt enteriné en la Cour, & à ce que faiſant
droit ſur l'Appel par eux interjetté deſdites Sentences
des Requeſtes du Palais des premier & huit Juillet
mil ſix cens quatre-vingt-douze, il pluſt à ladite
Cour mettre l'appellation & ce dont eſtoit appel
au neant, & à ce qu'en émendant la procedure faite
aux Requeſtes du Palais par ledit le Coq, fuſt declarée nulle, & que deffenſes fuſſent faites de plus
s'y pourvoir, & que pour proceder ſur la ſaiſie &
execution des dix-huit Pigeons, les Parties ſeroient
renvoyées pardevant leſdits Officiers de Police au
Chaſtelet de Paris, avec dommages & intereſts,
& qu'en ce qui touchoit l'appel interjetté par ledit
le Coq, de la Sentence du vingt-un Mars mil ſix
cens quatre-vingt-douze, renduë par le Lieutenant
de Police audit Chaſtelet de Paris, l'appellation fuſt
miſe au neant, & ledit le Coq condamné en l'a-
mende & aux dépens ; la deuxiéme Requeſte du
2C.e Avril mil ſept cens, tendante à ce qu'il pluſt à
la Cour recevoir leſdits Jurez Rotiſſeurs appellans,
en adherant à leurs premieres appellations de la Sen-

4

tence renduë par le Lieutenant de Police, audit Chaftelet de Paris le huitiéme dudit mois d'Avril mil
fept cens, que ledit Appel fuft tenu pour bien relevé, & que cependant deffenfes fuffent faites audit
le Coq de mettre ladite Sentence à execution, ny
de faire aucunes pourfuites ny procedures ailleurs
qu'en la Cour, à peine de tous dépens, dommages
& interefts & dépens ; & la troifiéme du huitiéme
Juillet mil fept cens, tendante à ce que lefdits Jurez Rotiffeurs en adherant toûjours à leurs premieres
Appellations, fuffent pareillement receus Appellans
des Sentences renduës par ledit Lieutenant de Police
les quinze & vingt-deux dudit mois d'Avril mil fept
cens, & de l'emprifonnement fait à la Requefte dudit le Coq, de la perfonne de Ierofme Montmireil,
l'un defdits Jurez Rotiffeurs, és prifons du grand
Chaftelet de Paris le cinquiéme May dernier, & de
tout ce qui s'en eftoit enfuivy, que ledit Appel fuft
tenu pour bien relevé, & y faifant droit, que les Appellations & ce dont eftoit Appel feroient mis au
neant; émendant, que les faifies & executions faites
fur ledit le Coq, à la requefte defdits Jurez Rotiffeurs feroient declarées bonnes & valables, & qu'au
contraire l'emprifonnement dudit Montmireil feroit
declaré injurieux, tortionnaire & déraifonnable, que
l'écrou feroit rayé & biffé, & que ledit le Coq feroit
condamné aux dommages & interefts dudit Montmireil, pour lefquels ils fe reftraignoit à la fomme

de trois mille livres, & en tous les dépens, tant des
caufes principales que d'Appel, comme auffi à ce
que deffenfes fuffent faites audit le Coq de plus contrevenir aux Reglemens de Police, le tout fans préjudice de la prife à partie de l'Huiffier qui avoit fait
ledit emprifonnement, d'une part, & ledit Germain
le Coq, Intimé & Deffendeur, d'autre part : &
entre Jacques Berthonnet, Michel Pigeon, & Gratien Charton, Maiftres Jurez (de prefent en Charge)
de la Communauté des Maiftres Patiffiers de la Ville
& Fauxbourgs de Paris, Demandeurs en Requeftes
du quinziéme Juillet mil fept cens, à ce qu'ils fuffent receus parties intervenantes en la caufe qui eftoit
au rôle entre lefdits Rotiffeurs, & ledit le Coq, &
à ce que faifant droit fur l'intervention lefdits Maiftres
Patiffiers de la Ville & Fauxbourgs de Paris, fuffent
maintenus & gardez dans le droit & dans la poffeffion
d'acheter fur le Carreau, des Marchands Forains,
& de la premiere main au marché public de la Vallée les viandes neceffaires & defquelles ils auroient
befoin, eftant à l'ufage de leur Meftier, pour mettre en pafte; & à ce que deffenfes fuffent faites aux
Jurez de la Communauté, & à tous autres de troubler lefdits Maiftres Patiffiers dans ledit droit & poffeffion fous telles peines qu'il plairoit à la Cour ordonner, & de tous dommages, interefts, & dépens,
& pour avoir par lefdits Rotiffeurs fait ledit trouble,
ils feroient condamnez aux dommages, interefts &

dépens , d'une part ; & les Maiftres Jurez de la Communauté des Rotiffeurs à Paris , & ledit le Coq , Deffendeurs , & ladite intervention d'autre part : & encore entre lefdits Jurez & Communauté des Rotiffeurs à Paris, Demandeurs aux fins de la Requefte par eux prefentée le vingt-fixiéme du prefent mois de Juillet , tendante à ce qu'en adherant à leurs premieres Appellations ils fuffent pareillement receus Appellans de la Sentence renduë au Chaftelet de Paris le dix-feptiéme Janvier mil fix cens vingt-neuf ; émendant , qu'il fuft ordonné que les Sentences & Reglemens de Police , & les Arrefts de la Cour feroient executez ; ce faifant que deffenfes feroient faites aux Maiftres Patiffiers, & à tous autres d'entreprendre fur la profeffion des Rotiffeurs, à peine de tous dépens, dommages , & interefts , d'une part ; & lefdits Jurez de la Communauté des Maiftres Patiffiers à Paris , & ledit le Coq , Intimé , & Deffendeurs d'autres part , aprés que Merville , Avocat de le Coq , de la Barre l'aîné Avocat des Jurez Patiffiers, Delombreüil Avocat des Iurez Rotiffeurs ont efté oüis enfemble , Portail pour le Procureur General du Roy.

LA COUR fur les Appellations appointe les Parties au Confeil, & fur les demandes en droit, cy-joint , par provifion, Ordonne que les Patiffiers de cette Ville de Paris, pourront acheter (fur le carreau , & de la premiere main , les viandes qu'ils

employent pour leurs patifferies) aux heures ac-
couftumées. F A I T en Parlement le trente-un Iuillet mil fix cens. *Collationné*, Signé, DU TILLET.

*Le 12. Aouft 1700. Signifié & baillé copie à Meſſieurs
Richer & Petit-jean, Procureurs.*

*Et ledit jour 12. Aouft 1700. ſignifié & baillé copie au
ſieur Sion Juré Rotiſſeur, en ſon domicile, parlant à ſa per-
ſonne, & au ſieur Montmireil Rotiſſeur, en ſon domicile,
parlant à ſa femme, par moy Huiſſier en Parlement, ſouſſi-
gné, SIMONET.*

A TOUS CEUX QUI CES PRESENTES LETTRES
VERRONT, Charles Denis de Bullion, Marquis de Gaillardon, Conſeiller du Roy en ſes Conſeils, Prevoſt de Paris, Salut ; S ç A V O I R faiſons
que ſur les Requeſtes faites en Iugement devant Nous
en la Chambre de Police du Chaſtelet de Paris, par
M. Henry Regnault le jeune Procureur de Germain
le Coq, Patiſſier de la Bouche du Roy, & de Ma-
dame la Ducheſſe de Bourgogne, & Maiſtre à Paris, & en execution de nos Sentences des douze Mars
quinze & vingt-deux Avril, portant main-levée des
ſaiſies ſur luy faites, à la Requeſte des Iurez Rotiſſeurs, & de l'Arreſt contradictoire du trente-un
Iuillet dernier, de noſtre Ordonnance du ſept de ce
mois, eſtant au pied du Procés Verbal du Commiſſaire Tourton, toutes dudit jour, & ſuivant l'Exploit fait

8

par de la Croix, Huiſſier en cette Cour, du onze de
ce mois, contrôllé à Paris le lendemain par Brocart,
à l'encontre de M. Nicolas de Longueil, Procureur
de Ierofme Montmireil, Iurez Maiſtres Rotiſſeurs à
Paris, & de la Communauté deſdits Rotiſſeurs, Deffendeurs, aprés que M. Demerville Avocat dudit le
Coq & de la Communauté des Maiſtres Patiſſiers de
cette Ville de Paris, qui y intervient à l'Audience de
la cauſe, & M. Porchon Avocat pour ledit Montmireil
& Iurez Rotiſſeurs ont eſté oüys. NOUS diſons que la
main-levée proviſoire demeurera deffinitive ; & conformement aux Arreſts, Reglemens & Ordonnances, juſqu'à ce qu'autrement en ait eſté ordonné par
le Parlement, les Patiſſiers & Rotiſſeurs acheteront
concurremment ſur le Carreau de la Volaille leſdites
Marchandiſes dont ils auront beſoin, hors les heures qui ſont reſervées pour les Bourgeois ; condam-
nons la Partie de Porchon aux dépens, pour tous
dommages intereſts ; enjoint au Commiſſaire Du-
bois de tenir la main à l'execution de la preſente
Sentence, qui ſera executée ſans préjudice de l'Apel:
EN TEMOIN de ce avons fait ſceller la preſente.
Fait & donné par Meſſire MARC-RENE' DE VOYER
DE PAULMY D'ARGENSON, Chevalier, Conſeiller
du Roy en ſes Conſeils, Lieutenant General de Police, tenant le ſiege le Mardy dix-ſept Aouſt mil
ſept cens.

A TOUS CEUX QUI CÉS PRESENTES
Lettres vérront , Charles Denis de Bullion,
Chevalier Marquis de Gallardon , Seigneur de Bon-
nelles , & autres lieux , Conseiller du Roy en ses
Conseils, Garde de la Prevôté de Paris , Salut; Sçavoir faisons , que vû la Requête à nous presentée par
les Jurez de la Communauté des maîtres Paticiers
Oublayetiers dé cette ville de Paris , tendant à ce
qu'il Nous plût en confirmant & executant les Ordonnances , Arrêts & Reglemens , faire derechef
défenses à tous maîtres Paticiers Oublayeurs , d'envoyer à l'avenir vendre & debiter par leurs Apprentifs , Compagnons , Domestiques , ou autres , dans
les Rüës, Marchez, Carrefours, & Places publiques ,
ny dans les Cabarets , Hôtelleries , & autres endroits,
leurs marchandises de Paticerie , attendu les inconveniens qui arrivent journellement , tant par la cor-
ruption, que par l'abandon desdits Apprentifs , lesquels par le colportage continuel desdites marchandises esdits lieux , & lesquelles sont le plus souvent
corrompuës , & indignes d'entrer dans le corps humain , que par l'abandon ; lesquels par le colportage
continuel desdites marchandises esdites Places &
Lieux , consomment inutilement le temps de leur

A

apprentiſſage ſans rien apprendre de leur métier: Et, ce qui eſt d'une plus dangereuſe conſequence pour eux, s'adonnent au jeu, à la faineantiſe, à la débau- che, & finalement à toutes ſortes de deſordres, par la frequentation continuelle qu'ils ont, en colpor- tant leſdites marchandiſes, avec les faineans, cou- peurs de bourſes, & autres gens de leur caballe, dont leſdits lieux publics ſont ordinairement remplis; auſ- quels inconveniens les pauvres Apprentifs, la pluſ- part ſans aucuns parens qui puiſſent veiller à leur conduite, ſont ſujets par le propre fait de leurs maî- tres, qui par un mépris à la Juſtice, contreviennent impunément aux défenſes portées par pluſieurs deſ- dits Arrêts & Reglemens, & par nos Sentences de Police; comme auſſi à ce que défenſes fuſſent faites à tous maîtres d'étaller, & d'avoir des tables eſdits carrefours & lieux publics, ny aux coins des ruës, & proches des Boutiques des autres maîtres, qui ſe voyent par là fruſtrez du debit de leurs marchan- diſes dans leurs boutiques; ce qui cauſe leur ruine par les grands loyers qu'ils ont le plus ſouvent à payer deſdites Boutiques & Maiſons qui ſont che- res. L'Ordonnance de Nous délivrée au bas de la- dite Requête, portant qu'elle ſeroit montrée au Pro- cureur du Roy : Les Concluſions dudit Procureur du Roy au bas de ladite Ordonnance, à ce qu'aſſem- blée fût faite pardevant Nous, & en ſa preſence des autres maîtres qui ont paſſé la Jurande, de ſix mo-

dernes, & de six jeunes, pour donner leur avis sur
le contenu en ladite Requête ; nôtre Sentence renduë sur ladite Requête le trente-un Janvier dernier,
qui a ordonné ladite assemblée conformément auf-
dites Conclusions ; & nôtre Procés verbal du vingt-
six Fevrier ensuivant, contenant l'avis desdits anciens, modernes & jeunes, pour ce assemblez en
nôtre Hôtel, en presence du Procureur du Roy,
tout vû ; ensemble lesdits Arrêts & Reglemens, &
Sentences de Police mentionnez en ladite Requête :
NOUS ayant égard à ladite Requête, & conformément aux Conclusions du Procureur du Roy,
ordonnons que les Reglemens, Arrêts, & nos Sentences de Police seront executez, & en consequence
faisons iteratives défenses à tous maîtres Paticiers
Oublayeurs, de faire colporter hors leurs Boutiques, aucunes marchandises de Paticerie par leurs
Apprentifs, Domestiques, où autres, pour les vendre & debiter dans les Carrefours, Lieux & Places
publiques, Cabarets & Hôtelleries, à peine de cinq
cens livres d'amande, & de confiscation desdites
marchandises : Faisons aussi défenses à tous maîtres
d'avoir chez eux, & en même temps, plus de deux
Apprentifs chacun : Enjoint à ceux desdits maîtres
qui ont un plus grand nombre d'Apprentifs, de les
mettre hors de leurs Boutiques, & en remettre leurs
Brevets d'apprentissage entre les mains des Jurez,
pour leur être pourvû d'autres maîtres ; & lesdits

Apprentifs à parachever le temps porté par leurſdits
Brevets : Faiſons pareillement défenſes à tous maîtres d'étaller , & mettre des tables dans les Lieux &
Places publiques , aux coins des Ruës, ny proche
les Boutiques des autres maîtres , auſſi à peine de
confiſcation de leurs marchandiſes , & de cént livres
d'amende : Enjoint aux Jurez de tenir la main à
l'execution des Preſentes , leſquelles feront lûës &
publiées dans la Chambre de la Communauté , regiſtrées au Regiſtre d'icelle , & executées nonobſtant oppoſitions ou appellations quelconques , &
ſans préjudice d'icelles : En témoin de quoy Nous
avons fait ſceller ces Preſentes. Ce fut fait & donné
par Nous GABRIEL NICOLAS DE LA REYNIE,
Chevalier Conſeiller ordinaire du Roy en ſon Conſeil d'Etat, Lieutenant General de Police de la Ville,
Prevôté & Vicomté de Paris , le quatriéme jour de
Mars mil ſix cens ſoixante-dix-huit; délivré pour
ſeconde groſſe le dix-neuviéme jour de Juillet mil
ſept cens.

Collationné, TARDIVEAU.

EXTRAIT DES REGISTRES
de Parlement.

ENtre Antoine Guerin , Jean le Blanc , &
Charles Gofle , maîtres Paticiers à Paris, Appellans de deux Sentences renduës par le Lieutenant de Police au Châtelet de Paris , les huit &
quinze Janvier mil fept cens , d'une part , & les
Jurez-Gardes de la Communauté des maîtres Paticiers de cette ville de Paris , Intimez d'autre, aprés
que Gaignaut , Procureur de la Communauté des
Paticiers a demandé la reception de l'appointement
avifé au Parquet des Gens du Roy , où les Parties
avoient été renvoyées par Arrêt contradictoire du
vingt-troifiéme Juin dernier, & paraphé , de Da-
guefleau pour le Procureur General du Roy, & fignifié
le treize Septembre dernier , à Gaignaut & G. Guiot,
Procureurs : LA COUR ordonne que l'Appointement fera reçû, & fuivant iceluy a mis les Appellations , & ce dont a été appellé au neant , en ce
que les Appellans ont été condamnez chacun en dix
livres d'amande , & en pareille fomme de dommages & intcrêts ; émendant , quant à ce les décharge
defdites condamnations , lefdites Sentences au re-

ſidu ſortiſſantes effet ; & ſera la Sentence du quatriéme Mars mil ſix cens ſoixante-dix-huit : Enſemble l'Arrêt du troiſiéme Juin mil ſix cens quatre-
vingt-trois, lûë & publiée en la Chambre de la Communauté deſdits maîtres Paticiers, & enregiſtrée au
Regiſtre d'icelle, à la diligence des Jurez étans pre-
ſentement en charge, condamne les Appellans aux
dépens de la Cauſe principalle, & en la moitié de
ceux de la Cauſe d'appel, l'autre moitié compenſée.
Fait en Parlement le vingt-ſept Novembre mil ſept
cens.

Collationné, DU TILLET

Lû publié & enregiſtré la Sentence & Arrét cy-deſſus, en la
Chambre de la Communauté, en la preſence des Anciens de ladite
Communauté pour ce mandez, pour être executez ſelon leur forme
& teneur, du temps de la Jurande de Michel Pigen, Gratien Char-
ton, Louis Pernel, & Pierre Hicart, tous Jurez en Charge, de
ladite Communauté, le vingt-deuxiéme Decembre mil ſept cens.

PErmis d'imprimer ſeulement, douziéme Decembre
mil ſept cens.
    MARC-RENÉ LE VOYER D'ARGENSON.

www.ingramcontent.com/pod-product-compliance
Lightning Source LLC
LaVergne TN
LVHW011353170726
843501LV00006B/1810